Konstanzer Universitätsreden

Begründet von Gerhard Hess,
fortgeführt von Horst Sund,
herausgegeben von Brigitte Rockstroh, Horst Sund
und Gereon Wolters

234
Franz Böni
Piraterie und Marktwirtschaft

Franz Böni

Piraterie und Marktwirtschaft

Beitrag der Piraterie im westlichen Mittelmeer
zur Schaffung einer Marktwirtschaft und
Entwicklung späterer Wettbewerbsbedingungen?

2008
UVK Universitätsverlag Konstanz GmbH

Diesem Beitrag liegt ein Vortrag zugrunde, den der Verfasser zum Anlass seiner Antrittsvorlesung als Honorarprofessor an der Universität Konstanz am 30. Mai 2008 gehalten hat.

Gedruckt mit freundlicher Unterstützung
der **COMMERZBANK**
STIFTUNG

Bibliografische Information der Deutschen Nationalbibliothek
Die Deutsche Nationalbibliothek verzeichnet diese Publikation
in der Deutschen Nationalbibliografie; detaillierte bibliografische Daten
sind im Internet über http://dnb.d-nb.de abrufbar.

ISSN 0454-3335
ISBN 978-3-87940-820-7

Das Werk einschließlich aller seiner Teile ist urheberrechtlich geschützt. Jede Verwertung außerhalb der engen Grenzen des Urheberrechtsgesetzes ist ohne Zustimmung des Verlages unzulässig und strafbar. Das gilt insbesondere für Vervielfältigungen, Übersetzungen, Mikroverfilmungen und die Einspeicherung und Verarbeitung in elektronischen Systemen.

© UVK Universitätsverlag Konstanz GmbH, Konstanz 2008

Druck: Memminger MedienCentrum, Memmingen

UVK Universitätsverlag Konstanz GmbH
Schützenstr. 24 · D-78462 Konstanz
Tel. 07531-9053-0 · Fax 07531-9053-98
www.uvk.de

Nach heute vorliegenden Erkenntnissen sollen die Vorfahren des Referenten väterlicherseits Seeräuber in der Straße von Bonifacio gewesen sein, bevor ein Teil dieses Familienstammes freiwillig oder unfreiwillig in die Schweiz übersiedelte[1]. *In der Schweiz waren die Böni am Walensee als Fährmänner tätig. Untermauert wird dies durch das Familienwappen der Böni. Es beinhaltet ein Schiffssteuerrad über Meereswellen. Der Bürgerort der Böni ist daher nicht zufälligerweise Amden (Ort über dem Walensee gelegen). Aufgrund ebendieser Vorgeschichte versucht der Referent nachzuweisen, welchen Beitrag die Piraterie unbeabsichtigt im westlichen Mittelmeer zur Schaffung einer Marktwirtschaft geleistet hat*[2].

Um jedwelche Illusionen im Keime zu ersticken, möchte der Referent festhalten, dass die Schaffung einer Marktwirtschaft zu keiner Zeit zu den Zielsetzungen der Piraterie gehört hat.[3]

---

1 Mündliche Überlieferungen von Josef Böni. Dieser durfte gegen den Willen seiner Mutter nicht Jurist werden: »Es wäre mir lieber, man trüge dich heute noch auf den Friedhof, als dass du solchen Lügnerberuf ergreifst« in *Böni, Bekenntnisse eines Konvertiten,* Erster Band, S. 25.
2 Es ist nicht Absicht mit diesem Aufsatz die Piraterie zu verherrlichen. Unrecht kann nie mit Unrecht begegnet werden, was Piraterie ohne Zweifel in sich trägt. Hingegen wird versucht, die Piraterie dahingehend zu durchleuchten, inwieweit sie in der Vergangenheit zur Öffnung und Schaffung freier Märkte beigetragen hat. Die Piraterie von heute im Zeitalter der Globalisierung von Handel und Finanzen ist nicht Gegenstand des vorliegenden Beitrags.
3 Für die wertvolle Hilfe bei der Vorbereitung dieses Beitrags dankt der Autor stud. iur. Christoph Palzer, Konstanz.

Inhaltsübersicht

1. Einführung in die Geschichte der Piraterie
   im westlichen Mittelmeer 9
   a) Piraterie zur Zeit des römischen Reichs 10
   b) Piraterie und Kaperwesen im Mittelalter und
   der frühen Neuzeit 12

2. Wirtschaftliche Entwicklung und deren Beeinflussung
   durch die Piraterie 15
   a) Entwicklungslinien des maritimen Handels
   im Allgemeinen 15
   b) Handelsbeziehungen 18
   c) Warenhandel/Warenpreise 20
   d) Handelsmonopole und Kartelle 22

3. Bildung der Basis für eine Marktwirtschaft 24

4. Beeinflussung späterer Wettbewerbsordnungen
   am Beispiel von Italien, Frankreich und Spanien 27
   a) Italien 27
   b) Frankreich 28
   c) Spanien 29

   Schlusswort 31
   Literaturverzeichnis 32

»*Krieg, Handel und Piraterie. Dreieinig sind sie, nicht zu trennen.*«
Johann Wolfgang von Goethe

»[...] *Nur mit zwei Schiffen ging es fort*
Mit zwanzig sind wir nun im Port.
Was große Dinge wir getan,
Das sieht man unserer Ladung an.
Das freie Meer befreit den Geist,
Wer weiß, was da besinnen heißt!
Da fördert nur ein rascher Griff,
Man fängt den Fisch, man fängt ein Schiff,
Und ist man erst der Herr zu drei,
Dann hakelt man das vierte bei;
Da geht es dann dem fünften schlecht,
Man hat Gewalt, so hat man Recht.
Man fragt ums Was und nicht ums Wie.
Ich müsste keine Schifffahrt kennen:
Krieg, Handel und Piraterie,
Dreieinig sind sie, nicht zu trennen.«[4]

1. Einführung in die Geschichte der Piraterie im westlichen Mittelmeer

In Art. 101 hält das Seerechtsübereinkommen der Vereinten Nationen vom 23.6.1998[5] eine moderne Definition der Piraterie bereit. Sie wird darin u. a. bezeichnet als »jede rechtswidrige Gewalttat oder Freiheitsberaubung oder jede Plünderung, welche die Besatzung oder die Fahrgäste eines privaten Schiffes oder Luftfahrzeugs zu privaten Zwecken begehen und die auf hoher See gegen ein anderes Schiff oder Luftfahrzeug oder gegen Vermögenswerte an Bord dieses Schiffes oder Luftfahrzeugs gerichtet ist«. Jedoch geht das »Phänomen Piraterie« selbstverständlich schon viel weiter zurück. Ihre Geschichte umfasst einen

---

4 *Mephistopheles* in *Goethes* Faust, zweiter Teil, fünfter Akt.
5 Seerechtsübereinkommen der Vereinten Nationen, Amtsblatt der Europäischen Gemeinschaft (ABl. EG) 1998, Nr. L 179, S. 3.

nachgewiesenen Zeitraum von mehr als 3.000 Jahren[6], in denen sie das Geschehen und das Bild der Welt maßgeblich mitbestimmt hat. Dabei muss man die Geschichte der Piraterie stets im Zusammenhang mit der Handels-, Kriegs-, Sozial- und Rechtsgeschichte sehen, mit der sie untrennbar verbunden ist[7].

Piraterie blühte entlang der Routen, die von der Handelsschifffahrt genutzt wurden, insbesondere dort, wo die Routen durch enge Meeresstraßen führten, wie die Straße von Gibraltar und die Straße von Bonifacio. In der Weite des Ozeans waren Handelsschiffe hingegen nur schwer aufzuspüren. Wenn diese aber auf Kursen, wie der Straße von Bonifacio segelten, konnten sich die Piraten auf sie stürzen. Inseln waren ein beliebtes Schlupfloch der Piraten, weil sie sich auf ihnen verstecken und sie als Ausgangspunkt für ihre Angriffe nutzen konnten[8].

Im Folgenden sollen wichtige historische Eckpunkte der Piraterie dargestellt werden. Dabei kann es angesichts des Umfangs weniger um Vollständigkeit, denn darum gehen, diejenigen historischen Gesichtspunkte herauszugreifen, die für die Frage des Einflusses der Piraterie auf die Öffnung und Schaffung freier Märkte von Relevanz sind.

a) Piraterie zur Zeit des römischen Reiches

Insbesondere im südlichen Kleinasien (Kilikien), das auf Grund der Beschaffenheit seiner Küsten eine hervorragende Eignung für den Seeraub aufwies[9], entstand Ende des 2. Jahrhunderts v. Chr. eine Zone, die weitestgehend staatlicher Kontrolle entzogen war. Hier bildeten und behaupteten sich mit Flottenmacht ausgestattete und bewaffnete Seeräuber-Unternehmen[10].

Ihren Raubzügen, begünstigt durch den Untergang der karthagischen Macht 146 v. Chr., wurden äußerst negative Folgen für den

---

6 So stammt die erste urkundliche Erwähnung über einen Piratenangriff in Südafrika aus den Jahren um 1350 v. Chr.
7 *Roder* in *Roder* (Hrsg.), Piraten – Die Herren der Sieben Meere, S. 6.
8 *Cordingly* in *Cordingly* (Hrsg.), Piraten – Furcht und Schrecken auf den Weltmeeren, S. 11.
9 *Kammerer-Grothaus* in *Roder* (Hrsg.), Piraten – die Herren der Sieben Meere, S. 23.
10 *Gelzer*, Pompeius, S. 74.

Mittelmeerhandel zugeschrieben. Die Angriffe galten neben küstennahen Gebieten auch Hafenstädten, wobei insbesondere deren Plünderungen eine beeinträchtigende Wirkung auf den Handel zeitigte. Neben Ostia, der Hafenstadt Roms, waren davon vor allem Orte auf Sizilien, aber auch im östlichen Mittelmeergebiet betroffen. Bedeutsamer als die zeitweilige Schädigung des Handels war jedoch eine Reduzierung der staatlichen Warenzirkulation. So gelang es Seeräubern, zeitweilig die Getreidezufuhr der Stadt Rom abzuschneiden. Diese Destabilisierung des Mittelmeerraums, welche mit der Gefährdung der Getreideversorgung zum drängenden Problem geworden war, suchte der römische Senat, nach vorherigen langjährigen erfolglosen Bemühungen zur Bekämpfung insbesondere der kilikischen Seeräuberei im östlichen Mittelmeer[11], schließlich mit dem Erlass der lex Gabinia de bello piratico aus dem Jahre 67 v. Chr. zu beenden. Diese sah die Einsetzung eines Feldherrn gegen die Seeräuber vor und stattete diesen mit umfassenden Machtbefugnissen[12] aus. Den Oberbefehl erhielt der römische Prokonsul Pompeius[13]. Es gelang ihm, den kilikischen Piraten binnen kürzester Zeit einen vernichtenden Schlag zuzufügen. In einer etwa drei Monate währenden Kampagne wurden zehntausend Piraten getötet, vierhundert Piratenschiffe beschlagnahmt und der übrige Rest vernichtet[14]. Um die so wiedergewonnene pax maritima zu sichern, wurden ein stehender Flottenverband, der zu Patrouillefahrten eingesetzt wurde, sowie militärische Außenposten eingerichtet[15]. Ungeachtet dieser Bemühungen gelang es freilich nie ganz, die Piraterie aus dem Mittelmeerraum zu verbannen.

---

11 Beginnend mit dem Feldzug des Marcus Antonius gegen Piraten 102 v. Chr., vgl. *Bleicken*, Geschichte der römischen Republik, S. 78.
12 Im Sinne eines außerordentlichen Kommandos für das gesamte Mittelmeergebiet mit 20 Legionen und 500 Schiffen.
13 *Kammerer-Grothaus* in *Roder* (Hrsg.), Piraten – die Herren der Sieben Meere, S. 25.
14 *Mukundan* in *Roder* (Hrsg.), Piraten – die Herren der Sieben Meere, S. 108
15 *Cordingly* in *Cordingly* (Hrsg.), Piraten – Furcht und Schrecken auf den Weltmeeren, S. 11.

b) Piraterie und Kaperwesen im Mittelalter und der frühen Neuzeit

Piraterie war und ist Raub auf hoher See – brutal und willkürlich[16]. Während des Mittelalters und der frühen Neuzeit umfasste sie zum einen die Piraterie ohne staatlichen Auftrag – als Piraterie im engeren Sinne – zum anderen die Kaperei. Während folgender Phasen der modernen Zeit wirkte sich die Piraterie aufgrund ihres beträchtlichen Aufkommens derart auf Handel und Schifffahrt aus, dass sie zu einem Problem für Kaufmannseliten und Regierungen wurde:

Ca. 1603 – 1640 Jakobinische / Nordafrikanische Piraterie
Ca. 1690 – 1700 Piraterie im Roten Meer
Ca. 1714 – 1726 die »Hohe Zeit der Piraterie«
Ca. 1807 – 1830 »La Course Independante«

Es lässt sich dabei beobachten, dass insbesondere Wellen von Massenarbeitslosigkeit, vornehmlich im maritimen Handel, ein verstärktes Aufkommen seeräuberischer Aktivitäten begünstigten. So findet beispielsweise die »Hohe Zeit der Piraterie« ihren maßgeblichen Grund in dem 1713 seinem Ende zu gehenden Spanischen Erbfolgekrieg und der damit verbundenen massenhaften Entlassung von Seeleuten aus dem Kriegsdienst. Diese Abundanz an arbeitssuchenden Seeleuten führte dazu, dass viele gezwungen waren, ihren Lebensunterhalt mit der Piraterie zu bestreiten[17].

Von der Piraterie im engeren Sinne ist das Phänomen des Kaperwesens zu trennen. Unter Letzterem versteht man das Aufbringen feindlicher Schiffe in staatlichem Auftrag. Finanzierung und Risiko einer solchen Unternehmung waren privatisiert. Dieser Aspekt wird nicht zuletzt durch das englische Wort »privateer«, was soviel wie Kaperschiff bedeutet[18], zum Ausdruck gebracht. Kaperer waren also Privat-

---

16 *Starkey/Payne* in *Roder* (Hrsg.), Piraten – Abenteuer oder Bedrohung, S. 22.
17 *Starkey/Payne* in *Roder* (Hrsg.), Piraten – Abenteuer oder Bedrohung, S. 24.
18 *Bradford* in *Cordingly* (Hrsg.), Piraten – Furcht und Schrecken auf den Weltmeeren, S. 167.

männer, die durch von souveränen Staaten ausgestellte Kaperbriefe[19] ermächtigt waren, Schiffe einer anderen Nation auszurauben oder zu versenken. Kaperbriefe entstanden etwa zwischen dem 12. und 13. Jahrhundert. Anfangs bestand die Hauptzielrichtung der Ausstellung von Kaperbriefen darin, in Ermangelung einer eigenen Kriegsflotte, private Unternehmer für die Bereitstellung und Ausrüstung von Schiffen zu gewinnen[20]. Daneben spielten aber auch wirtschaftliche Erwägungen eine nicht ganz unwesentliche Rolle. So schwächten die eroberten Schiffe und Ladungen nicht nur den Gegner. Eine Kaperbriefe ausstellende Nation profitierte auch insofern, als sie sich diese mit 10 bis 20% der Beute, gleichsam im Sinne von Lizenzgebühren, vergüten ließ[21]. Es nimmt daher nicht wunder, dass das Kaperwesen einen bedeutenden Wirtschaftsfaktor darstellte. Bezeichnenderweise wurde etwa die Niederländische Westindien-Kompanie, eine Handelsgesellschaft, der ein staatliches Monopol für den Handel in Westafrika und Amerika eingeräumt war, mit dem Geschäftszweck gegründet, einem Frieden zwischen den Niederlanden und Spanien entgegenzuwirken, damit Überfälle im Rahmen der Kaperei durchgeführt werden konnten. Das Kaperwesen wurde, indem es immer häufig von Aktiengesellschaften, deren Anteilsscheine dem Käufer einen entsprechenden Anteil an der Beute sicherten, finanziert wurde, alsbald auch zu einer Geldanlage für Private. Um diese Entwicklung zu verstärken, wurde beispielsweise mit dem »Cruisers and Convoys Act« von 1708 auch das bürokratische Verfahren erleichtert, das als Hemmschuh für Investitionen in das Kapergeschäft erachtet wurde[22]. Insoweit vermag auch die Tatsache, dass die Ausstellung von Kaperbriefen in Art. 1 Section 8 der Verfassung der Vereinigten Staaten von Amerika ausdrücklich festgeschrieben und der Kompetenz des Kongresses unterstellt ist, die wesentliche Bedeutung des Kaperwesens zu illustrieren.

---

19 Hervorgetan haben sich hier insbesondere Frankreich (Ludwig XIV.) und England (Elisabeth I.).
20 *Starkey/Payne* in *Roder* (Hrsg.), Piraten – Abenteuer oder Bedrohung, S. 25.
21 *Bradford* in *Cordingly* (Hrsg.), Piraten – Furcht und Schrecken auf den Weltmeeren, S. 167; Zur Vergütung der Kaperer andererseits s. *Kammler*, Piraten!, Das Handbuch der unbekannten Fakten und schönsten Anekdoten, S. 41 ff.
22 *Starkey/Payne* in *Roder* (Hrsg.), Piraten – Abenteuer oder Bedrohung, S. 29.

Den mannigfaltigen Vorzügen, die die Etablierung des Kaperwesens für einzelne Nationen und natürlich die Kaperer selbst mit sich brachte, stehen die Schäden gegenüber, denen sich andere Nationen durch das Kaperwesen ausgesetzt sahen. So gelang es etwa zahlreichen überwiegend französischen Kaperern um 1535, nahezu den gesamten Überseeverkehr der Spanier zum Erliegen zu bringen[23]. Daneben erwies sich als problematisch, dass die Kaperer in praxi nur äußerst schwer zu kontrollieren waren und nicht selten der Versuchung unterlagen, den hoheitlich autorisierten Bereich des Kaperwesen zeitweilig zu verlassen und neutralen oder verbündeten Schiffen aufzulauern, mithin der Piraterie im engeren Sinne nachzugehen[24]. Dem suchte man mit der Entwicklung institutioneller Strukturen schrittweise zu begegnen. So wurden beispielsweise zahlreiche bilaterale Verträge geschlossen, die einen internationalen Verhaltenskodex im Hinblick auf Autorisation und Kontrolle der Kaperei errichteten. Auch die räumliche Ausdehnung der Staatsmacht durch den Aufbau permanenter staatlicher Marinestreitkräfte erwies sich als schlagkräftiges Kontrollmittel[25].

Offiziell fand das Kaperwesen sein Ende in der Deklaration über das Seerecht von 1856[26], in dem die Abschaffung der Kaperei beschlossen wurde.

Auch die Piraterie im engeren Sinne sah sich, gleichsam in ihrer Blütezeit, ihrem Ende gegenüber, denn für die stabilisierten Nationalstaaten ergab sich mehr und mehr die Notwendigkeit, das sie behindernde und den anwachsenden internationalen Handel störende Seeräuberwesen konsequent zu verfolgen und zu beseitigen. Hilfreich waren dabei vor allem Gesetze, die die Strafverfolgung, Verurteilung und Hinrichtung von Piraten vereinfachten[27].

---

23 *Roder* in *Roder* (Hrsg.), Piraten – Die Herren der Sieben Meere, S. 65.
24 *Bradford* in *Cordingly* (Hrsg.), Piraten – Furcht und Schrecken auf den Weltmeeren, S. 167.
25 *Starkey/Payne* in *Roder* (Hrsg.), Piraten – Abenteuer oder Bedrohung, S. 29 f.
26 Erklärung betreffend das europäische Seerecht in Kriegszeiten, online abrufbar unter: http://www.admin.ch/ch/d/sr/i5/0.515.121.de.pdf.
27 So bspw. das Gesetz zur wirksamen Unterdrückung der Piraterie von 1700.

2. Wirtschaftliche Entwicklung und deren Beeinflussung durch die Piraterie

a) Entwicklungslinien des maritimen Handels im Allgemeinen

Von alters her gab es im Mittelmeerraum einen regen Handelsverkehr. Er verband über weite Distanzen die nordwestlichen Provinzen mit dem Vorderen Orient und hatte einen erheblichen Umfang, was allein die Ladekapazitäten der Schiffe zu belegen vermögen. Schiffe stellten im Altertum das leistungsfähigste und billigste Transportmittel dar, weshalb der Seehandel an den Küsten des Arabischen Meeres, des Indischen Ozeans und des Nordatlantiks sehr bedeutend war. In der Zeit des Ersten und Zweiten Punischen Krieges war Rom zur Seemacht aufgestiegen und spätestens seit der *lex claudia de nave senatorum* (218 v. Chr.), einem Gesetz, das Senatoren den Besitz von Schiffen mit einer Ladekapazität von mehr als 300 Amphoren untersagte, wurde mit erheblichen finanziellen Mitteln Handel getrieben. Ein ebenso einfacher wie plausibler Grund für das große Ausmaß des Außenhandels liegt in dem Umstand begründet, dass ein Bedürfnis – insbesondere der herrschenden Klassen – nach Luxusartikeln bestand, zu dessen Befriedigung, mangels der Möglichkeit sie selber herzustellen, Handel getrieben werden musste[28]. Die Befriedigung dieser Nachfrage bedeutete für die involvierten Kaufleute dabei stets ein nicht zu unterschätzendes Risiko, denn sowohl die Transportwege zu Lande als auch zu Wasser waren nur selten sicher. Insbesondere die Piraterie stellte ein großes Problem dar. Es vermag daher kaum zu verwundern, dass sie – einmal als Hemmschuh insbesondere für das Gedeihen des Seehandels ausgemacht – bald das Hauptziel der militärischen Operationen aller maritimen Großmächte darstellte[29].

Auch während des größten Teils des Mittelalters sowie der frühen Neuzeit war in den meisten Ländern die Wirtschaftspolitik in erster Linie Handelspolitik, da diese den steuerlichen Interessen des

---

28 *Elsenhans/Middell* (Hrsg.), Geschichte und Ökonomie der europäischen Welteroberung – Vom Zeitalter der Entdeckungen zum 1. Weltkrieg, S. 4.
29 Vgl. schon oben 1. a); *Pohl*, Die römische Politik und die Piraterie im östlichen Mittelmeer vom 3. bis zum 1. Jh. v. Chr., S. 56.

Herrschers und den Konsumbedürfnissen der Gesellschaft am besten diente. Häufig wird daher in diesem Zusammenhang metaphorisch vom Handel als dem großen Rad gesprochen, welches die ganze soziale Maschine antrieb[30]. Insoweit nur folgerichtig wurden alsbald ein internationales Handelsrecht (Lex Mercatoria) und Vorschriften über den Seeverkehr geschaffen, welche den besonderen Erfordernissen im Handel Rechnung tragen sollten[31]. Gleichzeitig entwickelte sich eine eigene Rechtsprechung für Handel und Seefahrt[32].

Begünstigt wurde die Blüte des Handels auch dadurch, dass gewerbliche Interessen erst zu einem relativ späten Zeitpunkt aufkamen[33] und überdies eine Kontrolle der auf der Basis kleiner Handwerksbetriebe aufgebauten Gewerbe die Möglichkeiten der meisten mittelalterlichen Obrigkeiten überstieg. Dieser Bereich wurde daher in der Regel entweder den Städten oder den Zünften innerhalb der Städte überlassen. Doch keine Regel ist ohne Ausnahme: In den italienischen Stadtstaaten setzten die Kaufleute – bis zum Schwinden ihres Einflusses auf die Stadtregierung in den beiden letzten Jahrhunderten des Mittelalters – ihre politische Macht dazu ein, die Herstellungskosten niedrig zu halten. Ebendies erreichten sie indirekt durch niedrige Nahrungsmittelpreise und direkt, indem sie die Entwicklung von Handwerksgilden bremsten[34], welche durch gemeinschaftliches Vorgehen die Löhne hätten erhöhen können. Auf kurze Sicht gesehen, steigerten diese Maßnahmen die Gewinnspanne der Kaufleute. Auf lange Sicht jedoch verschärften sie die sozialen Gegensätze und waren nicht zuletzt Auslöser für die Handwerkeraufstände, die die politische und wirtschaftliche Vorherrschaft des Kaufmannspatriziats in den Städten des 13. Jahrhunderts untergruben.

Eine entscheidende Rolle für die beträchtliche Bedeutung des Handels im Allgemeinen spielte im Besonderen der im merkantilen Zeitalter[35] zu seiner Blüte erwachsende Seehandel, der erstmals in der Ge-

---

30 *Glamann* in *Cipolla/Borchardt*, Europäische Wirtschaftsgeschichte Bd. 2, S. 271.
31 Vgl. hierzu ausführlich *Doren*, Italienische Wirtschaftsgeschichte Bd. 1, S. 428 ff.
32 *Bernard* in *Cipolla/Borchardt*, Europäische Wirtschaftsgeschichte Bd. 1, S. 202.
33 *Bernard* in *Cipolla/Borchardt*, Europäische Wirtschaftsgeschichte Bd. 1, S. 198 ff.
34 Wohingegen die Bildung von Kaufmannsgilden zugelassen wurde.
35 Zwischen 1500 und 1750.

schichte einen dauerhaften interkontinentalen Handel entstehen ließ[36]. Obgleich Zölle und andere Faktoren geeignet waren, den Seetransport wirtschaftlich weniger attraktiv zu machen, wogen doch vor allem die Kapazitätsvorteile gegenüber allen anderen Transportmitteln diese Nachteile mehr als auf. Die Kapazitäten konnten mit wachsendem Fortschritt der Seefahrt noch gesteigert werden[37], womit gleichzeitig auch dem – dem Wirtschaftswachstum geschuldeten – Bedürfnis nach größeren Ladungen Rechnung getragen werden konnte.

Kapazitäts- und damit auch Kostenvorteilen standen beachtliche, eng mit dem Seeverkehr verbundene Risiken[38] gegenüber. Diese suchte man durch praktische Methoden zu mindern, welche direkt oder indirekt in dem Gedanken der Vereinigung gründeten:

Zum einen segelten Handelsschiffe fast ausschließlich in Konvois, häufig begleitet von Kriegsschiffen, die gegen entsprechende Vergütung Schutz insbesondere vor seeräuberischen Übergriffen bieten sollten[39]. Zum anderen ging mit dem Zusammenschluss der Schiffseigner die Trennung von Frachten einher. Diese wurden nunmehr auf mehrere Schiffe in verschiedenen Flotten aufgeteilt[40]. Nicht zuletzt sollte eine Risikominderung, dem Gewohnheitsrecht der Seefahrt entsprechend, auch dadurch herbeigeführt werden, dass jede der betroffenen Parteien, also sowohl Frachteigentümer als auch Schiffseigner, einen Anteil an großen Verlusten trug[41].

Die Bedeutung des Handels kulminierte schließlich im achtzehnten Jahrhundert, was einen Zeitgenossen zu folgenden Äußerungen bewegte: »Le commerce fait la marotte du siècle« [»Der Handel ist das Steckenpferd des Jahrhunderts«], und: »Depuis quelque temps il n'est plus question que de commerce, de navigation et de marine«

---

36 *Glamann* in *Cipolla/Borchardt*, Europäische Wirtschaftsgeschichte Bd. 2, S. 272
37 *Bernard* in *Cipolla/Borchardt*, Europäische Wirtschaftsgeschichte Bd. 2, S. 203
38 Risicus et fortuna dei, maris et gentium – Risiken seitens des Meeres und der Menschen
39 *Bohn* in *Roder* (Hrsg.), Piraten – Die Herren der Sieben Meere, S. 16.
40 Diesem Gedanken entsprechend lässt Shakespeare Antonio, den Kaufmann von Venedig, sagen: »Mein Kaufgut ist nicht einem Schiff vertraut«, *Shakespeare*, Der Kaufmann von Venedig, 1. Akt, 1. Szene; vgl. außerdem *Doren*, Italienische Weltgeschichte Bd. 1, S. 407.
41 *Bernard* in *Cipolla/Borchardt,* Europäische Wirtschaftsgeschichte Bd. 1, S. 204.

[»Seit einiger Zeit ist nur noch von Handel, Seefahrt und Marine die Rede«].[42]

b) Handelsbeziehungen

Die Einwirkung der Piraterie auf Handelsbeziehungen stellt sich als ambivalent dar.

Einerseits bestand nämlich bereits in der Antike im Hinblick auf eine Kooperation der Handel treibenden Staaten mit den Piraten ein weit reichender kommerzieller Konsens. Die eine Seite war an der Versorgung mit bestimmten Gütern interessiert, welche die andere Seite liefern konnte, um so mittels Verkaufs oder Tausches eines Teils ihrer Beute in Handelsbeziehungen mit diesen Staaten zu treten[43]. Die so beschriebene partielle Interessenkongruenz eröffnete eine win-win-Situation dergestalt, dass die eine Seite aus Gründen der Warenversorgung vom Seeraub profitierte und die andere ihren Nutzen aus der ihr eröffneten Möglichkeit ziehen konnte, sich im Handel zu betätigen[44]. Ebendieser Sachverhalt ist es, den Goethe zum Ausdruck bringen will, wenn er Mephistopheles sagen lässt: »Krieg, Handel und Piraterie, Dreieinig sind sie, nicht zu trennen.«[45]

Ihren Ursprung findet diese Interaktion vermutlich im Sklavenhandel. Für Sklaven bestand in den meisten Hochkulturen, nicht nur der Antike, stets eine Nachfrage, die kaum je abgedeckt werden konnte. Bezeichnenderweise hatte sich für den antiken Hafen Delos, der einen großen Markt für Sklavenhandel darstellte, folgendes Sprichwort etabliert: »Kaufmann fahr hin, lad aus, alles ist verkauft.«[46] Neben der Versklavung unterlegener Kriegsgegner war es hauptsächlich der Menschenraub durch Piraten, mit dem versucht wurde, dieser unmenschlichen Nachfrage Rechnung zu tragen, und der den Piraten

---

42 *Marx/Engels/Adoratskij* (Hrsg.), Die deutsche Ideologie, S. 59.
43 *Pohl*, Die römische Politik und die Piraterie im östlichen Mittelmeer vom 3. bis zum 1. Jh. v. Chr., S. 35.
44 *Pohl*, Die römische Politik und die Piraterie im östlichen Mittelmeer vom 3. bis zum 1. Jh. v. Chr., S. 35.
45 *Mephistopheles* in *Goethes* Faust, zweiter Teil, fünfter Akt.
46 *Gelzer*, Pompeius, S. 74.

dazu verhalf, insbesondere in der Antike, aber auch darüber hinaus[47], eine signifikante Rolle in der Wirtschaft einzunehmen[48]. Der Gewinn aus dem Handel mit Piraten oder aus den Investitionen in Piratenunternehmungen erlaubte es den Investoren wiederum, das so erwirtschaftete Kapital in legale Unternehmungen zu reinvestieren. Letztendlich haben wir es hier also mit einer Urform der Geldwäscherei zu tun. Der so gewonnene Reichtum ermöglichte zudem den Zugang zu anderem, nämlich gesellschaftlichem Kapital, namentlich zu Adelstiteln und Ämtern[49]. Ein solcher sozialer Statuts war von veritabler Bedeutung, da er den Profiteuren des Piratenwesens garantierte, im Gegensatz zu den mit ihnen in Handelsbeziehungen stehenden Piraten selbst, unbehelligt von staatlichen Sanktionen zu bleiben. Aus dieser Interessenlage heraus ist folgende Äußerung Sir Walter Raleighs zu verstehen: »Pirat ist ein Etikett, das man kleinen Dieben anhängt, aber nicht großen, und schon gar nicht solchen, die sich in einer sozialen oder politischen Stellung befinden, aus der heraus sie alles Tun und Handeln mit den Interessen des Staates in Einklang bringen können«[50].

Andererseits bedeutete, wie bereits dargestellt, die Piraterie natürlich stets einen erheblichen Problemfaktor für den Seehandel; nicht zuletzt war sie gar geeignet, Handelsbeziehungen beinahe völlig zum Erliegen zu bringen[51].

---

47 So erwies sich im Laufe des 16. und 17. Jahrhunderts insbesondere der Handel mit afrikanischen Sklaven, welche die europäischen Seemächte in den Kolonien verkauften, als lukrativ, vgl. die Nachw. bei *Elsenhans/Middell* (Hrsg.), Geschichte und Ökonomie der europäischen Welteroberung – Vom Zeitalter der Entdeckungen zum 1. Weltkrieg, S. 74 f.
48 *Pohl*, Die römische Politik und die Piraterie im östlichen Mittelmeer vom 3. bis zum 1. Jh. v. Chr., S. 57.
49 *Bohn*, Die Piraten, S. 93.
50 *Bohn*, Die Piraten, S. 93.
51 So etwa die Getreidelieferungen aus Nordafrika nach Rom, s. dazu bereits oben 1. a), vgl. *Southern*, Pompeius, S. 80.

c) Warenhandel/Warenpreise

Mit Aufblühen des maritimen Handels intensivierte sich zunächst der Wettbewerb zwischen den europäischen Seemächten. So bestand Anfang des 17. Jahrhunderts beispielsweise zwischen den englischen und den holländischen Kompanien eine äußerst scharfe Konkurrenz sowohl bezüglich europäischer als auch derjenigen Produkte, die aus der neuen Welt nach Europa importiert wurden[52]. Um diesen Wettbewerb zugunsten der eigenen Händler einzschränken, erließ das englische Parlament 1651 mit der Navigationsakte[53] ein Gesetz zur Regulierung von Schifffahrt und Seehandel. Hiernach war namentlich die Einfuhr europäischer Güter nach England sowie der gesamte Küstenhandel und die Fischerei in den englischen Gewässern britischen Schiffen vorbehalten. Auch die Einfuhr europäischer Waren war ausschließlich auf englischen Schiffen und solchen der Ursprungsländer zugelassen. Die Zielrichtung der Navigationsakte war unzweideutig: Der Zwischenhandel der Niederlande mit England sowie den englischen Kolonien sollte beseitigt und durch englischen Handel ersetzt werden. Ebenso wie England suchten auch andere europäische Seemächte die nationalen Interessen durch die Verhängung von Monopolen[54] und Schutzzöllen[55] zu wahren. Dabei konnten die verschiedenen[56] Zölle und ähnliche Abgaben, die insoweit eine wachsende Bedeutung erlangten, sowohl nationaler als auch lokaler Herkunft sein. Sie waren – wenngleich im Einzelnen gering – so doch in ihrer Gesamtheit geeignet, die Warenpreise nicht nur unerheblich zu belasten.

In erster Linie kamen für den Handel zwei Gegenstände in Betracht:

---

52 *Glamann* in *Cipolla/Borchardt*, Europäische Wirtschaftsgeschichte Bd. 2, S. 305 f.
53 Navigation Act vom 9.10.1651, online abrufbar unter:
http://www.constitution.org/eng/conpur_ap.htm.
54 So bspw. das Handelsmonopol der portugiesischen Krone mit Indien 1505, vgl. *Glamann* in *Cipolla/Borchardt*, Europäische Wirtschaftsgeschichte Bd. 2, S. 308.
55 Vgl. *Marx/Engels/Adoratskij* (Hrsg.), Die deutsche Ideologie, S. 58.
56 Nachweise bei *Bernard* in *Cipolla/Borchardt*, Europäische Wirtschaftsgeschichte Bd. 1, S. 201.

Einmal hochwertige, von den oberen sozialen Schichten heiß begehrte und ihnen bald unentbehrliche Luxuswaren, deren Preisgestaltung auf dem Markt dank der Zahlungsfähigkeit ihrer Abnehmer kaum eine praktisch wirksame Grenze kannte, so dass es den Händlern insbesondere möglich war, teils auch sehr beträchtliche Transportkosten im Preis aufzufangen. Zweitens solche Waren des täglichen Bedarfs, die aufgrund ihrer natürlichen Beschaffenheit nur an ausgewählten Stellen unmittelbar erhältlich waren, weil nur dort von der Natur geboten. Angesichts dieses Umstands wohnte diesen Waren eine Art natürlicher Exklusivitätscharakter inne, weshalb sie, was die Preisgestaltung anbelangte, ebenfalls nach oben hin eine sehr weit dehnbare Grenze besaßen. Beispielhaft sei hier das Salz genannt.

Neben diesen beiden wichtigsten Kategorien kamen schon damals noch andere Produkte, die sich durch eine spezifische Qualität auszeichneten, in Betracht, wie etwa besonders gute Weine und Öle, Fluss- und Seefische, Streitrosse und vor allem Waffen aller Art[57].

Bei der Bestimmung der Verkaufspreise ist zwischen Metropolen und Peripherie zu differenzieren. Es ist davon auszugehen, dass die Peripherie zunächst Luxusprodukte exportierte, jedoch für die koloniale Herrenklasse notwendige Produkte importierte. Entsprechend waren die Preiselastizitäten der Nachfrage unterschiedlich. Während in der Peripherie die von den kolonialen Oberschichten benötigten Waren unter Monopolbedingungen zu Preisen verkauft werden konnten, die so hoch lagen, dass alles nicht für Primärbedürfnisse in den Kolonien selbst verbrauchte Einkommen für den Import von monopolistisch überteuerten Waren ausgegeben wurde, ergab sich in Europa, angesichts einer differenzierten Einkommensstruktur, eine obere Grenze für das Steigen der Preise, so dass etwa zu teure Produkte nicht verkauft werden konnten[58].

---

57 *Doren*, Italienische Wirtschaftsgeschichte Bd. 1, S. 132f.
58 *Elsenhans/Middell* (Hrsg.), Geschichte und Ökonomie der europäischen Welteroberung – Vom Zeitalter der Entdeckungen zum 1. Weltkrieg, S. 104.

d) Handelsmonopole und Kartelle

Es wird angenommen, dass für einzelne Wirtschaftszweige bereits im Altertum Kartelle bestanden haben[59]. Doch auch und gerade im Mittelalter sowie der frühen Neuzeit, auf die insoweit das Augenmerk gerichtet werden soll, war der Handel beachtlichen Beschränkungen unterworfen. Diese rührten namentlich von Maßnahmen wie Schutzzöllen, staatlichen Handelsmonopolen und Kartellen her.

In Europa waren die Handelsunternehmungen durch die Schaffung von Kompanien[60] geprägt, die von ihrer Krone oder Regierung bestimmte, zeitlich begrenzte Handelsmonopole[61] erhielten und diese Handelsrechte als ständige Kooperationen ausübten. Es handelte sich dabei um Zusammenschlüsse von Kaufleuten mit beträchtlichem Kapital, die den Betrieb und die Leitung – vorwiegend überseeischen Handels – auf monopolistischer Grundlage führten[62]. Das Interesse der Handelskompanien an der Erlangung einer Monopolstellung korrespondierte insoweit auch mit staatlichen Interessen. Gerade im Zeitalter des Merkantilismus waren die europäischen Seemächte bestrebt, sich einen möglichst großen Anteil an den Vorteilen des Welthandels zu sichern und eine aktive Handelsbilanz zu erreichen. Die Zulassung von Handelskompanien erschien geeignet, diese Ziele zu erreichen. Die europäischen Staaten profitierten darüber hinaus insofern, als sie sich die Ausstattung mit Handelsmonopolen und Privilegien sowie deren Verlängerungen vergüten ließen und unter dieser Form den Handel besteuerten[63]. Diese Wechselwirkung der Interessen erklärt den lang anhaltenden und überaus beachtlichen wirtschaftlichen und politischen Einfluss der Handelskompanien.

Eine ähnliche Wechselwirkung öffentlicher und privater Interessen zeichnet auch die frühen mittelalterlichen Kartelle aus. So verwundert

---

59 Vgl. mit Belegen aus dem Gesetz des Kaisers Zenos, *Strieder*, Studien zur Geschichte kapitalistischer Organisationsformen, S. 157.
60 Statt aller seien etwa die britische Ostindien-Kompanie oder die niederländische Westindien-Kompanie genannt.
61 Vorwiegend für den Handel zwischen dem europäischen Heimatland und deren Kolonien.
62 Meyers grosses Universal Lexikon, Bd. 6, S. 298.
63 Brockhaus Enzyklopädie, Bd. 9, S. 441.

es kaum, dass diese Kartelle fiskalischer Natur waren, mithin zwischen den Pächtern staatlicher Wirtschaftsobjekte unter Beteiligung der öffentlichen Gewalt zustande kamen[64]. Der Illustration soll das Salzvertriebssyndikat aus dem Jahre 1301 dienen, welches zwischen dem Pächter der im Eigentum des Königs von Neapel stehenden Salinen, also Salzgewinnungswerken, in der Provence und dem Pächter der königlichen französischen Salzwerken von Aigues-Mortes bestand. Das Kartell wurde dabei, ausweislich eines Briefes des Königs Karl II. von Neapel an den höchsten Hofbeamten der Provence[65], auch zwischen den beiderseitigen Höfen geschlossen. Ausgangspunkt war daher – neben den Vorteilen, die sich den Pächtern aus dieser Kartellvereinbarung boten – die Erwägung, die Ausschaltung des gegenseitigen Wettbewerbs werde auch zum Nutzen der beteiligten Staaten gereichen[66].

Als weiteres Beispiel sei das Alaunkartell von 1470 zu nennen, das zwischen dem Pächter einer päpstlichen Alaungrube in Tolfa und dem Pächter der im Eigentum von König Ferdinand von Neapel stehenden Alaungrube von Ischia geschlossen wurde[67]. Was ist unter Alaun zu verstehen? Alaun bezeichnet das kristallisierte wasserhaltige schwefelsaure Doppelsalz von Kalium und Aluminium (Kaliumaluminiumsulfat), aber auch das entsprechende Ammoniumaluminiumsalz[68]. Alaun findet vielfältige Verwendung, so in der Papierfabrikation zum Leimen, in der Gerberei zum Weißgarmachen der Häute, in der Zeugfärberei zum Beizen etc.

Auch soweit es die ersten Kartelle zwischen Privatleuten anbelangt, die zwischen Florentiner Kaufleuten bestanden, waren diese aufgrund ihrer beträchtlichen Bedeutung für den staatlichen Finanzhaushalt verschiedener europäischer Mächte vor staatlicher Intervention gefeit. Sie stellten nämlich nicht weniger als die Hauptgläubiger mehrerer

---

64 *Strieder*, Studien zur Geschichte kapitalistischer Organisationsformen, S. 162.
65 S. das Original bei *Strieder*, Studien zur Geschichte kapitalistischer Organisationsformen, S. 405.
66 So schreibt König Karl II. von Neapel von »magna utilitas utriusque Curie« also »bedeutendem Nutzen für jedes der beiden Herrschaftshäuser«, vgl. *Strieder*, Studien zur Geschichte kapitalistischer Organisationsformen, S. 405.
67 *Strieder*, Studien zur Geschichte kapitalistischer Organisationsformen, S. 171.
68 Wikipedia, die freie Enzyklopädie, Alaune.

Königshäuser dar und hatten sich durch ihre Kreditgewährung für diese schlechterdings unentbehrlich gemacht.

Insoweit zeigt sich die Interaktion von privaten und öffentlichen Interessen, sowohl was die Vergabe von Handelsmonopolen als auch was den Abschluss von Kartellvereinbarungen anbelangt, ganz deutlich. Es erscheint beinahe überflüssig zu betonen, dass die so vorgenommene und weit verbreitete Ausschaltung des Wettbewerbs und damit auch des Preiswettbewerbs ihren Niederschlag in überhöhten Monopolpreisen zum Nachteil der Abnehmer fand.

Da Warenhandel bzw. Warenpreise und das Bestehen von Handelsmonopolen und Kartellen in einer sich beeinflussenden Beziehung zueinander stehen, kann die Einwirkung der Piraterie auf den einen Faktor nicht ohne ihre Einwirkung auf den anderen gesehen werden. Es ist der spezifischen Marktsituation zur damaligen Zeit, geprägt von Staatsmonopolen, Kartellen und Schutzzöllen, geschuldet, dass die Piraterie über den ihr ureigenen Unrechtsgehalt hinaus noch unter einem weiteren Aspekt zu betrachten ist: Für die Lieferung geraubter Güter bestand insofern ein Bedürfnis, als es sich zumeist um Waren handelte, die entweder sonst nur schwer erhältlich waren oder aber hohen Zöllen bzw. überhöhten Monopolpreisen unterlagen[69]. Die Betätigung der Piraten im Handel ist daher – wenngleich es sich auch um Diebesgut handelte, was nicht vernachlässigt werden soll – als Beeinflussung des Handels im Sinne von mehr Wettbewerb zu sehen. Insoweit muss die Überwindung von Maßnahmen handelsbeschränkender Art und das Aufbrechen monopolbedingt verkrusteter Märkte i. S. des Handels der Beute als Beitrag der Piraterie gewertet werden.

3. Bildung der Basis für eine Marktwirtschaft

Findet man auch in bestehenden Wirtschaftsordnungen marktwirtschaftliche Systeme stets in etwas abgewandelten Akzentuierungen wieder, so ist ihnen allen doch ihr Ursprung gemeinsam. Dieser liegt in der sozialphilosophischen Idee des klassischen Liberalismus, wie sie,

---

69 *Bohn*, Die Piraten, S. 92.

geprägt etwa von Adam Smith[70], um die Mitte des 18. Jahrhunderts aufkam[71]. Ausgangspunkt war insoweit die Ablehnung staatlicher Reglementierungen sowie inner- und zwischenstaatlicher Handelsbeschränkungen durch Zölle, Handelsmonopole und Kartelle, welche, wie soeben dargestellt, gerade für das Zeitalter des Merkantilismus typisch waren [72]. Der klassische Liberalismus, dessen geistiges Fundament, neben der gesamtwirtschaftlichen Wohlfahrt, die Selbstheilung von Störungen bei freier Entfaltung der Marktkräfte und Befreiung der Bürger von staatlicher Bevormundung[73] war, entstand also gleichsam als Gegenmodell zum Merkantilismus. Ausgehend von der Prämisse, die Wirtschaftssubjekte würden bei Entscheidungsfreiheit über die Verwendung der Ressourcen ihre Tätigkeiten dorthin lenken, wo sie den höchstmöglichen Nutzen abwürfen[74] und auf diese Weise das Eigeninteresse letztlich in den Dienst der Allgemeinheit stellen, fordert der klassische Liberalismus maximale Freiheit des Einzelnen bei minimaler staatlicher Intervention. Mit anderen Worten: In einem »System natürlicher Freiheit«[75] werde durch die Verfolgung von Eigeninteressen, wenngleich unbeabsichtigt, auch ein Mehr an gesamtwirtschaftlicher Wohlfahrt herbeigeführt. Was auf den ersten Blick als Gegensatz erscheint, wird so in einen guten Einklang gebracht. Letztendlich ist es die Idee der »unsichtbaren Hand«, die sich hinter dieser Aussage verbirgt. Sie ist es auch, die für die Beschränkung der Kompetenzen des Staates auf ein Mindestmaß verantwortlich zeichnet. Denn die unsichtbare Hand des Wettbewerbs würde – so bestand die Überzeugung – staatliche Interventionen weitgehend obsolet werden lassen[76]. Insoweit sah man den Staat neben der Be-

---

70 Vgl. *Grabner-Haider*, Die wichtigsten Philosophen, S. 126 ff., Weiter sind zu nennen: David Ricardo, Robert Malthus, John Stuart Mill sowie Jean Baptiste Say.
71 *Mussel/Pätzold*, Grundfragen der Wirtschaftspolitik, S. 2.
72 *Holzwarth*, Ordnung der Wirtschaft durch Wettbewerb – Entwicklung der Ideen der Freiburger Schule, S. 30.
73 *Tödt*, Grundzüge der Marktwirtschaft, S. 2.
74 *Starbatty* in *Vaubel/Barbier* (Hrsg.), Handbuch der Marktwirtschaft, S. 82.
75 *Smith/Streissler* (Hrsg.), Untersuchung über Wesen und Ursachen des Reichtums der Völker, Buch IV, S. 671.
76 *Mussel/Pätzold*, Grundfragen der Wirtschaftspolitik, S. 2.

reitstellung solcher Güter und Dienstleistungen, die zwar zwingend notwendig, für den Einzelnen aber nicht rentabel anzubieten waren[77], auf die Schaffung von Rahmenbedingungen beschränkt, welche für die Funktionsweise des Systems erforderlich waren. Wenn in diesem Zusammenhang, vielleicht etwas abschätzig, von einem Nachtwächterstaat[78] gesprochen wird, wird nicht hinreichend berücksichtigt, dass die genaue Festlegung staatlicher Tätigkeit eine zuverlässige Staatsverwaltung erst ermöglicht hat[79] und insbesondere durch die Schaffung rechtlicher Rahmenbedingungen durch den Staat eine Grundlage für die Gewährleistung der vollen Entfaltung eines freien Wettbewerbs bereitet wurde[80].

Offene Märkte und ein freier Wettbewerb stellen mithin einen Grundpfeiler des klassischen Liberalismus und damit aller marktwirtschaftlichen Ordnungen dar. Dementsprechend sah ein umfangreicher Plan etwa die Befreiung von Zunftordnungen und -privilegien zu Gunsten eines freien Marktzugangs oder die Beseitigung der Handelsmonopole, die es den Handelskompanien ermöglichten, Profite über die Erhebung von Monopolpreisen zu erwirtschaften[81], vor. Dabei wurde jedoch die Verantwortung für das Bestehen von Monopolen und Kartellen nahezu ausschließlich dem Staat zugeschrieben. Soweit auch anderweitige Entstehensgründe erkannt wurden[82], wurden daraus jedenfalls keine beziehungsweise nur unzureichende Konsequenzen gezogen. Dieser Umstand ist wohl auf das Misstrauen zurückzuführen, mit dem man der Idee staatlicher Wettbewerbshüter begegnete. Der klassische Liberalismus stellt somit zwar so etwas wie den Ausgangspunkt aller marktwirtschaftlichen Wirtschaftsordnungen dar. Er bietet jedoch, ungeachtet der hohen Bedeutung, wel-

---

77 *Starbatty* in *Vaubel/Barbier* (Hrsg.), Handbuch der Marktwirtschaft, S. 87.
78 Die Prägung dieses Begriffs ist Ferdinand Lassalle zuzuschreiben.
79 *Holzwarth*, Ordnung der Wirtschaft durch Wettbewerb – Entwicklung der Ideen der Freiburger Schule, S. 30.
80 *Gretschmann* in *Kaufmann/Krüsselberg* (Hrsg.), Markt, Staat und Solidarität bei Adam Smith, S. 124.
81 *Smith/Recktenwald* (Hrsg.), Der Wohlstand der Nationen – eine Untersuchung seiner Natur und Ursachen, S. 54, 514.
82 Vgl. den Nachweis bei *Starbatty* in *Vaubel/Barbier* (Hrsg.), Handbuch der Marktwirtschaft, S. 85.

che diese Denkschule dem freien Wettbewerb einräumt, keine bzw. nur unzureichende Ansatzpunkte für die Entwicklung von Wettbewerbsordnungen[83].

4. Beeinflussung späterer Wettbewerbsordnungen am Beispiel von Italien, Frankreich und Spanien

Der Weg hin zu einer Marktwirtschaft in den Anrainerstaaten des westlichen Mittelmeers war aufgrund unterschiedlicher Entwicklung der einzelnen Wirtschaftssysteme durchaus verschieden. Ebenso verhält es sich, was die Entwicklung der einzelnen Wettbewerbsordnungen anbelangt. Immerhin hat im Zeitalter des Imperialismus (1870 – 1914) in sämtlichen Ländern eine wesentliche Entwicklung der Marktwirtschaft stattgefunden. Die Entwicklung der staatlichen Märkte erfolgte aber weitgehend isoliert; m.a.W. begünstigt wurde in der Regel die einzelne Kolonialmacht und in begrenztem Maße deren Kolonialgebiete.

a) Italien

In Italien wurde erst 1860 eine staatliche Einheit erlangt. Dies geschah durch die Integration des Piemont mit den mittel- und süditalienischen Staaten, die zum Teil mittelalterlich selbstgenügsame Wirtschaftssysteme aufgewiesen hatten. Die Schaffung des heutigen Staates Italien erforderte zunächst Zeit. Die Diktatur Mussolinis, die im Oktober 1922 mit dem »Marsch auf Rom« seinen Anfang nahm, war in jeder Hinsicht hinderlich für die Fortentwicklung des Landes. Insbesondere verunmöglichte die Diktatur eine nachhaltige wirtschaftliche Entwicklung. Die Implementierung einer Marktwirtschaft erfolgte dementsprechend spät. Gleiches gilt für die Schaffung einer Wettbewerbsordnung. Anlass für erste Vorstöße war das Instituto Mobiliare Italiano (I.M.I.), welches als Auffang- und Liquidationsge-

---

[83] Vgl. zur Kritik daran etwa *Fischer*, Staat, Recht und Verfassung im Denken von Walter Eucken – Zu den staats- und rechtstheoretischen Grundlagen einer wirtschaftsordnungspolitischen Konzeption, S. 67.

sellschaft 1931 gegründet wurde[84]. Das I.M.I. nahm, nachdem es das italienische Bankwesen, die Elektrizitätswirtschaft, das Telefonwesen, die Seeschifffahrt, die Eisen- und Stahlindustrie und die Reedereien weitgehend beherrschte, eine seltsame Monopolstellung in Italien ein. Genau diese sollte mit einer entsprechenden Kartellrechtsordnung gebrochen werden[85]. Erste Ansätze bezüglich einer Kartellrechtsordnung erfolgten nach dem 2. Weltkrieg. Sämtlichen diesen Vorstößen ist gemeinsam, dass sie nie in entsprechende Gesetze umgesetzt werden konnten[86]. Grund für dieses Scheitern war maßgeblich, dass in Italien kaum je ein wettbewerbsfreundliches Klima herrschte[87], aber auch, dass keine Einigung bezüglich der Ziele eines neu zu schaffenden Kartellrechts erzielt werden konnte. Diese Situation änderte sich erst ab Mitte der achtziger Jahre, nämlich mit Unterzeichnung der Einheitlichen Europäischen Akte im Jahre 1986. Entscheidend war unter anderem ein zunehmender europäischer Druck, der in der Aufforderung des Europäischen Parlaments, eine nationale Kartellrechtsordnung zu schaffen, gipfelte. Auch der Eindruck, dass steigende Unternehmenszusammenschlüsse die eigene staatliche Machtposition gefährdeten, ließ ein gesetzgeberisches Handeln notwendig erscheinen[88]. Pikanterweise bestand in Italien, selbst während der ersten Jahre der Mitgliedschaft in der EU, immer noch keine Wettbewerbsordnung.

b)   Frankreich

Im Unterschied zu Italien wurde nach dem Deutsch-Französischen Krieg (1870/1871) und der mit der Proklamation der Dritten Republik verbundenen Verfassung (1875) sehr schnell eine Marktwirtschaft etabliert. Die französische Wirtschaft schottete sich allerdings

---

84   *Waschke*, Staatsbeteiligung in Italien, S. 6.
85   Vgl. dazu auch *Ebenroth/Kaiser*, Das neue italienische Kartellgesetz aus europäischer Sicht, Recht der Internationalen Wirtschaft (RIW) 1991, S. 8 ff.
86   Vgl. zu den verschiedenen Gesetzesentwürfen *Stangl*, Das neue italienische Kartellgesetz aus dem Jahre 1990 – eine rechtsvergleichende Studie, S. 51 ff.
87   *Kaufmann*, Das italienische Kartellgesetz von 1990 und sein Verhältnis zum europäischen Recht der Wettbewerbsbeschränkungen, S. 29.
88   Vgl. zum ganzen *Stangl*, Das neue italienische Kartellgesetz aus dem Jahre 1990 – eine rechtsvergleichende Studie, S. 56.

zunächst mit Schutzzöllen von ihren Nachbarländern ab. Begünstigt wurden damit die bäuerliche Landwirtschaft und die Schwerindustrie. Eine erste länderübergreifende Entwicklung der Wirtschaft erfolgte aufgrund der Tatsache, dass Frankreich, aufgrund der hohen Sparquote seiner Bürger, während des Empire français (1871 – 1914) zum »Bankier der Welt« wurde. Damit verbunden waren Kapitalanlagen im Ausland, u.a. in den Kolonien und in Russland. Signifikant für die wirtschaftliche Weiterentwicklung ist die Pariser Weltausstellung 1889 mit dem Bau des Eiffelturms[89]. Ebenso schnell wie die wirtschaftliche Entwicklung gestaltete sich in der Folge jene zur Etablierung eines nationalen Kartellrechts. So fand sich etwa eine erste Kartellrechtsnorm in Art. 419 des Code Pénal. Diese Bestimmung, die insoweit als Grundlage des französischen Wettbewerbsrechts erachtet wird, beinhaltete ein Verbot von Wettbewerbsbeschränkungen, welche die freie Preisbildung beeinträchtigten[90]. Etappenweise wurde das Kartellrecht weiterentwickelt – 1945 trat die Preisverordnung in Kraft, welche unter anderem ein Verbot der Verkaufsverweigerung vorsah, 1953 wurde ein Verbot der Preiskartelle eingeführt, 10 Jahre später eine Missbrauchskontrolle, 1977 schließlich eine Fusionskontrolle[91].

c) Spanien

Die Entwicklung einer Marktwirtschaft, als auch jene einer Wettbewerbsordnung in Spanien verliefen zeitlich gesehen ähnlich wie in Italien, allerdings unter anderer Voraussetzungen. Spanien war während Jahrzehnten ein weitgehend geschlossener Binnenmarkt mit entsprechend träger Entwicklung einer Marktwirtschaft. Gemeinsam mit Italien wies auch Spanien während Jahrzehnten aufgrund eines massiven sozialen Ungleichgewichts labile politische Verhältnisse auf, die von Zeit zu Zeit in eine Diktatur mündeten. Die Diktatur unter General Primo de Rivera (1923 – 1930) und jene unter Franco

---
89 Vgl. *Kinder/Hilgemann/Hergt*, dtv-Atlas zur Weltgeschichte, Bd. 2, S. 385.
90 *Freitag*, Konzentrationspolitik in Frankreich, S. 18 f.
91 *Roudard*, Schwerpunkte des neuen französischen Kartellrechts, Gewerblicher Rechtsschutz und Urheberrecht, Internationaler Teil (GRUR Int.) 1989, S. 647 (648 f.).

ab 1936, gefolgt vom Spanischen Bürgerkrieg (1936 – 1939) trugen mit dazu bei, dass Spanien weitgehend isoliert blieb[92]. Unter diesen Bedingungen konnten sich über einen langen Zeitraum hinweg Monopolstrukturen ausbilden und festigen. Ein erstes Wettbewerbsgesetz trat zwar bereits 1964 in Kraft[93]. Die Regelung war jedoch ebenso skizzenhaft wie lückenhaft und dazu ohne praktischen Bezug. Erst die Wiedergewinnung der Demokratie mit entsprechenden freien Parlamentswahlen unter König Juan Carlos ebnete den Weg für eine freie Marktwirtschaft und in der Folge für eine tragfähige Wettbewerbsordnung. Letztere fällt mit dem Beitritt Spaniens zur EU im Jahr 1986 zusammen. In einem ersten Schritt wurden bis dahin bestehende Monopolstrukturen beseitigt und der spanische Markt zielstrebig geöffnet.

---

92 *Ölke*, Spanien: Politischer Wandel und liberale Ökonomie – Analyse der sozialistischen Wirtschaftspolitik, S. 63; vgl. *Kinder/Hilgemann/Hergt*, dtv-Atlas zur Weltgeschichte, Bd. 2, S. 439.

93 *Körber*, Ordnungspolitische Probleme der spanischen Wirtschaftspolitik, S. 131.

Schlusswort

Die Auswirkungen der Piraterie auf die Öffnung der Märkte fallen unterschiedlich aus. Einerseits war die Piraterie während eines geraumen Zeitraums wesentlich für die Unterdrückung freien Handels verantwortlich, der zum Teil ganz zum Erliegen kam. Zum anderen aber hat die Piraterie, mit dem Angebot der Piratenbeute auf Märkten einerseits und dem Unterlaufen von Kartellen und Monopolen andererseits, unfreiwillig und ohne jede Absicht zur Öffnung verkrusteter Märkte beigetragen. Sie hat mit brutaler Gewalt und ungewollt das Entstehen einer Wirtschaftsordnung begünstigt, wie sie später auf der Basis des klassischen Liberalismus mittels rechtlicher Instrumente als marktwirtschaftliche Ordnung Wirklichkeit wurde[94].

Hinsichtlich der später geschaffenen Wettbewerbsordnungen haben jedoch weder die klassischen Piraten noch Kaperer einen Beitrag leisten können, da sie und ihr Handwerk im Zeitraum der ersten Vorabklärungen für eine Wettbewerbsordnung in den Anrainerstaaten des westlichen Mittelmeers, im Unterschied etwa zu den Küstengewässern Somalias im Golf von Aden[95], bereits der Vergangenheit angehörten.

---

[94] Nunmehr fortgeführt durch die modernen Kartellrechtsordnungen, die durch Erhalt und Förderung des Wettbewerbs einen Beitrag zur freiheitlichen Ordnung des Gemeinwesens insgesamt leisten, vgl. *Hellwig*, Wirtschaftspolitik als Rechtsanwendung – Zum Verhältnis von Jurisprudenz und Ökonomie in der Wettbewerbspolitik, S. 33, Walter-Adolf-Jöhr-Vorlesung 2007 an der Universität St. Gallen.

[95] Piraten in Somalia zu lebenslanger Haft verurteilt, Neue Zürcher Zeitung (NZZ) Online v. 28.4.2008, online abrufbar unter: http://www.nzz.ch/nachrichten/panorama/somalische_truppen_nehmen_piraten_fest_1.717152.html

Literaturverzeichnis

Ahlheim, Karl-Heinz (Red.): Meyers großes Universal Lexikon in 15 Bänden, Meyers Lexikonverlag, Mannheim 1982
Bleicken, Jochen: Geschichte der römischen Republik, 5. Aufl., Oldenbourg, München 1999
Böni, Josef: Bekenntnisse eines Konvertiten, Erster Band, Schriften der Alpina, Bern 1966
Bohn, Robert: Die Piraten, Verlag C.H. Beck, München 2003
Cipolla, Carlo M./ *Borchardt*, Knut: Europäische Wirtschaftsgeschichte, Band 1, Fischer Verlage, Stuttgart/New York 1978
Cipolla, Carlo M./ *Borchardt*, Knut: Europäische Wirtschaftsgeschichte, Band 2, Fischer Verlage, Stuttgart/New York 1983
Cordingly, David (Hrsg.): Piraten – Furcht und Schrecken auf den Weltmeeren, vgs Verlagsgesellschaft, Köln 1999
Doren, Alfred: Italienische Wirtschaftsgeschichte, Band 1, Fischer Verlage, Jena 1934
Ebenroth, Carsten Thomas/ *Kaiser*, Gisbert: Das neue italienische Kartellgesetz aus europäischer Sicht, Recht der Internationalen Wirtschaft (RIW) 1991, 8
Elsenhans, Hartmut/ *Middell* Matthias (Hrsg.): Geschichte und Ökonomie der europäischen Welteroberung – vom Zeitalter der Entdeckung zum I. Weltkrieg, zugl. Habil.-Schrift, FU Berlin, Leipziger Universitätsverlag, Leipzig 2007
F.A. Brockhaus GmbH (Hrsg.): Brockhaus Enzyklopädie in 24 Bänden, 19. Aufl., Brockhaus Enzyklopädie Verlag, Mannheim 1989
Fischer, Thomas: Staat, Recht und Verfassung im Denken von Walter Eucken – zu den staats- und rechtstheoretischen Grundlagen einer wirtschaftsordnungspolitischen Konzeption, Peter Lang Verlagsgruppe, Frankfurt a.M. 1993
Freitag, Gudrun: Konzentrationspolitik in Frankreich, Verlag Mohr Siebeck, Tübingen 1972
Gelzer, Matthias: Pompeius, Bruckmann Verlag, München 1949

Grabner-Haider, Anton: Die wichtigsten Philosophen, Marix Verlag, Wiesbaden 2006

Hellwig, Martin: Wirtschaftspolitik als Rechtsanwendung – Zum Verhältnis von Jurisprudenz und Ökonomie in der Wettbewerbspolitik, Walter-Adolf-Jöhr-Vorlesung 2007 an der Universität St. Gallen, St. Gallen 2007

Holzwarth, Fritz: Ordnung der Wirtschaft durch Wettbewerb – Entwicklung der Ideen der Freiburger Schule, Haufe Verlag, Freiburg 1985

Kammler, Andreas: Piraten!, Das Handbuch der unbekannten Fakten und schönsten Anekdoten, Fischer Taschenbuch Verlag, Frankfurt a.M. 2008 und **mare**buchverlag, Hamburg 2008

Kaufmann, Franz-Xaver/*Krüsselberg*, Hans-Günter (Hrsg.): Markt, Staat und Solidarität bei Adam Smith, Campus Verlag, Frankfurt a.M. 1984

Kaufmann, Thomas: Das italienische Kartellgesetz von 1990 und sein Verhältnis zum europäischen Recht der Wettbewerbsbeschränkungen, Peter Lang Verlagsgruppe, Berlin 1993

Kinder, Hermann/ *Hilgemann*, Werner/ *Hergt*, Manfred: dtv-Atlas zur Weltgeschichte, Band 2, 39. Auflage, Deutscher Taschenbuch Verlag, München 2006

Körber, Karl-Otto: Ordnungspolitische Probleme der spanischen Wirtschaftspolitik – Vom Bürgerkrieg bis zum ersten Entwicklungsplan (1936–1964), Carl Heymanns Verlag, Köln 1965

Marx, Karl/*Engels*, Friedrich/*Adoratskij*, Vladimir V. (Hrsg.): Die deutsche Ideologie, Verlag für Literatur und Politik, Wien 1932

Mussel, Gerhard/ *Pätzold*, Jürgen: Grundfragen der Wirtschaftspolitik, 6. Aufl., Verlag Vahlen, München 2005

Ölke, Heinz: Spanien: Politischer Wandel und liberale Ökonomie – Analyse der sozialistischen Wirtschaftspolitik, zugl. Diss., Konstanz 1992

Pohl, Hartel: Die römische Politik und die Piraterie im östlichen Mittelmeer vom 3. bis zum 1. Jh. v. Chr., Walter de Gruyter Verlag, Berlin/New York 1993

Roder, Hartmut (Hrsg.): Piraten – Abenteuer oder Bedrohung, Ed. Temmen, Bremen 2002

Roder, Hartmut (Hrsg.): Piraten – Die Herren der Sieben Meere, Ed. Temmen, Bremen 2000

Roudard, Isabelle: Schwerpunkte des neuen französischen Kartellrechts, Gewerblicher Rechtsschutz und Urheberrecht, Internationaler Teil (GRUR Int.) 1989, 647

Smith, Adam/*Streissler*, Erich W. (Hrsg.): Untersuchung über Wesen und Ursachen des Reichtums der Völker, Verlag Wirtschaft und Finanzen, Düsseldorf 1999

Smith, Adam/*Recktenwald*, Horst Claus (Hrsg.): Der Wohlstand der Nationen – eine Untersuchung seiner Natur und Ursachen, 5. Aufl., Verlag C.H. Beck, München 1990

Southern, Pat: Pompeius, Magnus Verlag, Bremen 2006

Stangl, Christian: Das neue italienische Kartellgesetz aus dem Jahre 1990 – eine rechtsvergleichende Studie, VVF Verlag, München 1996

Strieder, Jakob: Studien zur Geschichte kapitalistischer Organisationsformen – Monopole, Kartelle und Aktiengesellschaften im Mittelalter und zu Beginn der Neuzeit, 2. Aufl., Duncker & Humblot, München/Leipzig 1925

Tödt, Jürgen: Grundzüge der Marktwirtschaft, Centaurus Verlagsgesellschaft, Kiel 1992

Vaubel, Roland/*Barbier*, Hans D. (Hrsg.): Handbuch der Marktwirtschaft, Neske Verlag, Pfullingen 1986

Waschke, Hildegard: Staatsbeteiligungen in Italien, Deutsches Industrieinstitut, Köln 1964

Weiterlesen

Konstanzer Universitätsreden

206
Gerhart v. Graevenitz
Beruf zur Wissenschaft
2000, 22 Seiten, broschiert
ISBN 3-87940-745-2

207
Rainer Wirtz
Entsorger des Fortschritts
Erinnerte Industriekultur
2001, 23 Seiten, broschiert
ISBN 3-87940-759-2

208
Eric Hilgendorf
Recht und Weltanschauung
Bernd Rüthers als Rechtstheoretiker
2001, 33 Seiten, broschiert
ISBN 3-87940-768-1

209
Ulrich Gaier
Aufgaben für die Literaturwissenschaft
2001, 27 Seiten, broschiert
ISBN 3-87940-776-2

210
Brigitte Rockstroh
Was Hänschen nicht lernt, lernt Hans ... immer noch!
Erkenntnisse zur corticalen Plastizität beim Menschen
2001, 30 Seiten, broschiert
ISBN 3-87940-777-0

211
Kurt Lüscher
Soziologische Annäherungen an die Familie
2001, 58 Seiten, broschiert
ISBN 3-87940-778-9

212
Friedrich Breyer
Die Knappheit von Spenderorganen aus ökonomischer Sicht
2003, 38 Seiten, broschiert
ISBN 3-87940-781-9

213
Volkhard Huth
Zeit ist mit dem Himmel entstanden
Auf den Spuren archaischer Zeitauffassung
2003, 44 Seiten, broschiert
ISBN 3-87940-785-1

214
Jürgen Mittelstraß
Transdisziplinarität – wissenschaftliche Zukunft und institutionelle Wirklichkeit
2003, 26 Seiten, broschiert
ISBN 3-87940-786-X

215
Hubert Markl
Wissenschaft und die kulturelle Einheit Europas
Dem Gedenken an Werner Rathmayer gewidmet
2004, 32 Seiten, broschiert
ISBN 3-87940-789-4

Klicken + Blättern

Leseprobe und Inhaltsverzeichnis unter
www.uvk.de

Erhältlich auch in Ihrer Buchhandlung.

UVK Verlagsgesellschaft mbH

Weiterlesen

Konstanzer Universitätsreden

216
Aleida Assmann
Das Kulturelle Gedächtnis an der Millenniumsschwelle
Krise und Zukunft der Bildung
2004, 36 Seiten, broschiert
ISBN 3-87940-791-6

217
Andreas Schreitmüller
Alle Bilder lügen
Foto – Film – Fernsehen – Fälschung
2005, 62 Seiten, broschiert
ISBN 3-87940-792-4

218
Bernd Rüthers
Toleranz in einer Gesellschaft im Umbruch
2005, 40 Seiten, broschiert
ISBN 3-87940-793-2

219
Peter Studer
Fairness – Leerformel oder durchsetzbare Forderung?
Das Wertwort Fairness in der ethischen und juristischen Praxis
2005, 56 Seiten, broschiert
ISBN 3-87940-794-0

220
Wolfgang Heinz
Kriminelle Jugendliche – gefährlich oder gefährdet?
2006, 120 Seiten, broschiert
ISBN 3-87940-797-5

221
Heinz-Elmar Tenorth
Schule und Universität
Bildungswelten im Konflikt
2006, 36 Seiten, broschiert
ISBN 3-87940-799-1

222
Heinz Berke
Chemie im Altertum
Die Erfindung von blauen und purpurnen Farbpigmenten
2006, 52 Seiten, broschiert
ISBN 3-87940-802-5

223
Christine Tauber
Ästhetischer Despotismus
Eugène Delacroix' »Tod des Sardanapal« als Künstlerchiffre
2006, 56 Seiten, broschiert
ISBN 3-87940-803-3

224
Brigitte Studer
Geschlechtergeschichte heute – Konzeptuelles und Konkretes
Die Ein- und Ausbürgerung durch Eheschließung
2006, 24 Seiten, broschiert
ISBN 3-87940-804-1

Klicken + Blättern

Leseprobe und Inhaltsverzeichnis unter
www.uvk.de
Erhältlich auch in Ihrer Buchhandlung.

UVK Verlagsgesellschaft mbH

Weiterlesen

Konstanzer Universitätsreden

225
Barbara Kuhn
Verfehlter Dialog oder versuchter Dialog?
Zeitgenössischer Roman, Literaturwissenschaft und Erinnerungskunst
Zu Yasmina Rezas ›Une désolation‹ und Antonio Tabucchis ›Si sta facendo sempre più tardi‹
2006, 36 Seiten, broschiert
ISBN 3-87940-806-8

226
Stefan Ortseifen, Heinz Hilgert
Eigenkapitallücke im deutschen Mittelstand
Schuld oder Verdienst der Banken? – Diagnose und aktuelle Lösungsansätze
2007, 54 Seiten, broschiert
ISBN 978-3-87940-807-8

227
Ralf Dahrendorf
Gründungsideen und Entwicklungserfolge der Universität
Zum 40. Jahrestag der Universität Konstanz
2007, 24 Seiten, broschiert
ISBN 978-3-87940-808-5

228
František Šmahel
Konstanzer und Prager Begegnungen
Zwei Vorträge Alexander Patschovsky gewidmet
2007, 64 Seiten, broschiert
ISBN 978-3-87940-809-2

229
Jürgen Mittelstraß
Philosophie in der Psychiatrie
Zur therapeutischen Beziehung in der Psychotherapie
2007, 28 Seiten, broschiert
ISBN 978-3-87940-810-8

230
Aditi Lahiri
Die Atome der Sprache
2008, 32 Seiten, broschiert
ISBN 978-3-87940-811-5

231
Adolf Muschg
Wie deutsch ist die Schweiz?
Von mangelhafter Zweiseitigkeit
2008, 48 Seiten, broschiert
ISBN 978-3-87940-812-2

232
Joachim Paech
Warum Medien?
2008, 36 Seiten, broschiert
ISBN 978-3-87940-815-3

233
Felix Thürlemann
Dürers doppelter Blick
2008, 62 Seiten, broschiert
ISBN 978-3-87940-816-0

Klicken + Blättern

Leseprobe und Inhaltsverzeichnis unter
www.uvk.de

Erhältlich auch in Ihrer Buchhandlung.

UVK Verlagsgesellschaft mbH